AF329267

APPEL

AU

TÉMOIGNAGE DE L'HISTOIRE,

CONTRE

Les erreurs que cherchent à propager encore les amis des rois, à l'occasion du jour où la France célèbre l'anniversaire de la juste punition de LOUIS XVI;

PAR MICHIELS,

Député de la Meuse-Inférieure au Conseil des Anciens.

Non nova, sed nove.

C'EST le 2 pluviôse, correspondant au 21 janvier, que la France entière renouvelle le serment solemnel de haine à la royauté & à l'anarchie, d'attachement & de fidélité à la République & à la constitution de l'an 3. C'est le 2 pluviôse que la France entière célèbre l'anniversaire de ce

A

jour terrible, mais néceſſaire, où il a fallu faire couler ſur un échafaud le ſang du dernier de ſes rois pour cimenter la République ; c'eſt le 2 pluviôſe que la France entière célèbre l'anniverſaire de ce jour terrible, mais indiſpenſable, où la Nation n'a pu aſſurer ſon ſalut qu'en ſe vengeant ſur le dernier de ſes rois, des longs outrages, des maux ſans nombre que lui avoient faits quatorze ſiècles de royauté, & de tous ceux dont la menaçoit encore l'inſolent & téméraire eſpoir du rétabliſſement de la monarchie ; c'eſt le 2 pluviôſe que la France entière célèbre l'anniverſaire de la juſte puni-tion de celui dont les noirs attentats, les attentats d'autant plus nombreux qu'ils étoient héréditaires, ne ceſſoient de ſe multiplier chaque jour encore contre la liberté & la vie des Français.

Et c'eſt également à cette époque que, pour étouffer, s'il étoit poſſible, dans le cœur des Français, la haine qu'ils y portent à la royauté & à la mémoire du dernier de leurs tyrans couronnés, les défenſeurs officieux de Louis XVI, ou les amis des rois, cherchent à renouveler tout ce qu'ils ont de plus ſpécieux en raiſonnemens. « Les plus grands des forfaits dont vous ſemblez, nous diſent-ils, vouloir accuſer les rois, ne ſont que leurs prétendus attentats contre la liberté des peuples. Eh ! ne ſavez-vous donc pas, continuent-ils, qu'ils en ont été les premiers défenſeurs, les premiers, les plus zélés protec-teurs en Europe ? ne ſavez-vous pas que, ſi les nouveaux légiſlateurs de la France ont trouvé à détruire encore des reſtes impurs & malfaiſans du régime féodal, ces reſtes n'en offroient plus, pour ainſi dire, que les émanations les moins ſenſibles ? L'hiſtoire ne vous apprend-elle pas que ce ſont les rois qui, déja depuis des ſiècles, en avoient détruit les plus grandes, les plus barbares & les plus odieuſes monſ-truoſités ? L'hiſtoire ne vous apprend-t-elle pas que les rois ont été les premiers à défendre les plus foibles contre l'op-preſſion des plus forts ? L'hiſtoire ne vous apprend-elle pas que, ſans la puiſſante intervention des rois, la maſſe des Français, ſi fière de pouvoir être maintenant appelée la nation des hommes libres, ne seroit peut-être encore qu'un vil troupeau d'esclaves attachés à la glèbe, ou soumis à la servitude personnelle ? Pour vous en convaincre, nous pourrions rappeler une longue série de faits ; mais nous nous bornerons à quelques preuves que nous puiserons dans des actes authentiques. Les anciennes *Chartes de communauté* attestent qu'en France ce fut Louis-le-Gros qui adopta le premier l'idée d'accorder de nouveaux privilèges aux villes situées dans ses domaines ; qu'il affranchit les habitans de ces villes ; qu'il abolit parmi eux toute marque de servitude ; qu'il les établit en corporations ou corps politiques, qui furent gouvernés par des magistrats de leur propre choix. Le premier tome *des ordonnances des rois* atteste que Louis X & son frère Philippe y déclarèrent : *Que la nature avoit fait tous les hommes libres ; & que leur royaume étant appelé le royaume des Francs, ils vouloient qu'il le fût en réalité, comme de nom ; qu'en conséquence ils ordonnoient que les affranchissemens fussent accordés, dans toute l'étendue de leurs états, à des conditions justes & modérées.*

« Ces actes n'étoient point assurément des attentats contre la liberté ou la vie du peuple Français.

» Supposons maintenant qu'en France les diverses dynasties des rois n'aient produit, si l'on peut s'exprimer ainsi, que diverses dynasties de forfaits ; supposons que, dans la race des Capets, une longue suite de rois n'ait produit qu'une longue suite de crimes, Louis XVI devoit-il donc être puni pour les crimes de ses pères ? Supposons maintenant encore que lui-même se fût rendu coupable en portant quelques atteintes aux droits du peuple, ou en ourdissant en secret quelques trames pour le maintien de ce qu'il croyoit être ses prérogatives, n'est-il pas dans les principes de la philosophie, qui a fait la révolution française, que l'homme est le disciple des objets qui l'environnent ? que ses idées sont nécessairement des conséquences de ces objets ? que ses pensées, ses sentimens, ses actions, sont des conséquences nécessaires de ces mêmes idées nécessairement

A 2

acquifes ? & que, conféquemment, en vouloir à un roi d'aimer la monarchie plutôt qu'un gouvernement populaire, c'eft, comme on l'a dit depuis long - temps, *reprocher au chêne de porter le gland plutôt que l'olive ?*

« En fuppofant donc que Louis XVI n'eût réellement pas aimé le nouvel ordre des chofes qu'il voyoit s'introduire en France, falloit - il l'en punir de la peine capitale ?

» Si, après lui avoir ôté le feptre des mains, on croyoit qu'il eût été dangereux de le laiffer vivre comme fimple individu dans la République, ne pouvoit-on pas l'obliger, ou plutôt lui permettre d'en fortir ? Si la nation fe fût même engagée à lui payer annuellement, dans la retraite qu'il auroit pu fe choifir chez l'étranger, la valeur du traitement que lui avoit affuré l'Affemblée conftituante, n'eût-elle pas épargné plufieurs années de fléaux, que l'économie de vingt-cinq à trente millions annuels & cent ans de profpérité ne compenferont peut - être pas encore. »

Tels font les miférables, mais infidieux difcours que ne ceffent de renouveller ces êtres méprifables, qui défendent fi officieufement les crimes commis à l'ombre du trône. Mais pour balancer, dans l'efprit des Français, l'impreffion qu'auroit pu y faire l'aftucieufe plaidoirie de ces lâches & vils défenfeurs des rois, je n'irai pas retirer de toute la fange corrompue de leur hiftoire, les innombrables forfaits, que peut - être le temps a reculés de la mémoire ; les maffacres de la Saint - Barthélemi, commandés & fecondés par Charles IX, & les exécrables dragonnades de Lous XIV, fuffiroient déja pour effacer les fervices prétenduement rendus par quelques rois au peuple français, fi toutefois ces fervices pouvoient paroître méritoires aux yeux de leur poftérité. Mais en ouvrant les annales de l'Europe, ne voit-on pas auffitôt que cette protection tant vantée, que la liberté des peuples paroît avoir fi gratuitement obtenue des rois, n'a été due réellement qu'à la jaloufe ambition qu'avoient alors ces derniers d'élever fur la reconnoiffance & l'attachement des efclaves affranchis une nouvelle puiffance pour contre-balancer celle des grands vaffaux, qui fouvent faifoient la loi à ces faibles monarques ?

Quel mérite devoit donc avoir, aux yeux de la nation françaife, fi long-temps méprifée, outragée, dépouillée, opprimée, égorgée par fes rois, l'impérieufe néceffité où fe font trouvés quelques-uns d'eux de relever un peu le peuple trop courbé fous le poids de fes chaînes, pour abaiffer le trop fuperbe & trop incommode pouvoir des nobles ou des barons ?

Si, dans un temps, les paffions ambitieufes des rois ont fervi aux progrès de la civilifation ; fi ces paffions ont détruit les plus puiffans & les plus affreux moyens de la féodalité, la nation françaife devoit-elle encore encenfer, refpecter ces mêmes paffions, quand elles n'avoient plus qu'un effet oppofé ?

Si, dans un temps, le peuple étoit employé comme utile aux monarques contre les nobles qui fe prétendoient leurs rivaux, aujourd'hui les nobles ne fentent-ils pas qu'ils ne peuvent conferver leur exiftence que par un attachement fervile aux intérêts des monarques ? & ces derniers ne font-ils pas d'accord avec Montefquieu, qu'il ne peut exifter de monarchie fans nobleffe ?

S'il eft vrai qu'en France la royauté ait fervi de premier échafaudage à l'édifice d'une conftitution repréfentative & libre, falloit-il donc encore conferver l'échafaudage, quand il ne fervoit plus qu'à offufquer la majeftueufe architecture, & à dégrader les fondemens de l'édifice ?

Si les Français n'étoient pas abfolument perfuadés que, dans les premiers affranchiffemens du peuple, les rois n'avoient point pour objet le falut public, n'avoient point pour motifs les progrès de la véritable liberté, mais ceux de leur propre domination, mais ceux de leur pouvoir abfolu, il fuffiroit, fans doute, de faire remarquer que celui des rois qui fuivit, avec le plus d'audace & de fuccès, ce plan d'abaiffer le corps trop puiffant de la nobleffe, fut le cruel autant que rufé Louis XI; que ce fut ce monarque, dépourvu de fenfibilité, étranger à tout principe de juſtice, ce monarque que l'hiſtoire repréſente comme fait par la nature pour être un tyran, pour fignaler fon règne par des actes arbitraires d'un genre quelconque, & en quelque temps que le fort l'eût fait monter fur un trône.

Mais, quoiqu'il foit bien certain d'une part, que les rois n'ont conçu l'idée d'accorder des affranchiſſemens au peuple, que pour mettre un frein à l'ariſtocratie féodale, que pour humilier les grands vaſſaux de la couronne, dont le pouvoir coloſſal avoit reſſerré fi long - temps la prérogative royale dans des bornes très-étroites, eſt-il bien vrai d'ailleurs que, fans cette intervention des rois, les Français pourroient n'être encore qu'un troupeau d'efclaves attachés à la glèbe ou foumis à la fervitude perfonnelle? Non : cette fuppofition n'eſt pas même vraiſemblable. Elle eſt tellement abfurde qu'il ne faut qu'étudier un peu l'hiſtoire de ces temps de rivalités entre les nobles & les rois , qu'il ne faut que jeter un coup-d'œil fur la nature des événémens, fur la difpofition des chofes d'alors, pour être convaincu que, fi les rois ne s'étoient point eux-mêmes empreſſés d'affranchir le peuple, que fi, en faififfant les momens propices, ils n'avoient pas eux-mêmes employé ce moyen de reſtreindre le pouvoir déja exceſſif des nobles ou des grands barons, ceux - ci n'auroient pas tardé à prendre à cet égard une initiative, qui bientôt eût néceſſairement anéanti toute efpèce de prérogative royale.

Et cette initiative de la part de la nobleſſe, qui auroit été fi funeſte à la royauté, n'eût fans doute pas manqué d'avoir lieu, fi, d'après une maxime généralement établie dans l'efprit du fyſtême féodal, il n'avoit pas été défendu à un vaſſal de diminuer la valeur d'un fief, au préjudice du feigneur de qui il l'avoit reçu ; fi en conféquence on n'avoit pas regardé comme invalides les affranchiſſemens accordés par l'autorité du maître immédiat; fi l'acte n'avoit pas dû être confirmé

par le feigneur fuzerain, de qui le maître même tenoit fa
terre, pour que l'efclave fût fenfé avoir acquis un droit lé-
gitime à fa liberté; & fi, à cet effet, il n'avoit pas été nécef-
faire de remonter, par toutes les gradations de la tenance
féodale, jufqu'au roi qui étoit feigneur paramont (1). Pour
fe convaincre de la jufteffe de cette obfervation, il ne faut
que jeter les yeux fur l'Angleterre, dont l'hiftoire apprend
que ce fut là un des premiers royaumes où les repréfentans
des bourgs furent admis au grand confeil de la nation; &
qu'on n'y dut point ce privilège à la royauté, mais que ce
furent les barons qui prirent les armes contre Henri III, &
qui, voulant élever une plus forte barrière contre l'accroif-
fement de la puiffance royale, en attachant davantage le
peuple à leur parti, invitèrent ces repréfentans des commu-
nautés à venir au parlement. L'hiftoire attefte que ce fut par
les feuls progrès naturels de l'efprit de liberté, que le nom
& l'idée même de la fervitude perfonnelle furent anéantis
en Angleterre fans aucun acte formel de la puiffance légif-
lative.

Ainfi donc pourquoi vanter maintenant encore, comme
des actes dignes de la reconnoiffance des fiècles, ces chartes
de Louis le Gros, ou ces fameufes ordonnances de Louis X
& de fon frère Philippe?

Ainfi donc le génie de la liberté, particulièrement ami
du génie de la France, ne pouvoit y laiffer croupir les habitans dans l'efclavage, avilis par la fervitude; mais il devoit,
en accélérant les progrès de l'efprit humain fur cette terre
des anciens Gaulois, y employer progreffivement auffi, au
plus prompt & à l'entier affranchiffement du peuple, les
projets ambitieux ou des barons ou des rois.

Ainfi donc il refte toujours vrai que ces fervices prétenduement rendus à la liberté du peuple français par fes

____

(1) Etabliffemens de faint Louis, liv. 2, chap. 34. Ordon.
tom. 1, 283, not. (a).

rois, ne peuvent effacer le nombre & la barbarie de leurs crimes.

Mais Louis XVI, ose-t-on dire, devoit-il donc être puni pour les crimes de ses pères ? Ici nous ne rapporterons pas la fable de l'agneau & du loup, buvant au même ruisseau ; nous ne rapporterons pas l'histoire du paradis terrestre, ou les suites de la désobéissance du premier homme ; nous n'insulterons pas à la divinité par des allusions sacrilèges ; nous n'observerons pas que la nature est inépuisable en ressources, quand il est question de mettre à profit des maux inévitables ; nous n'observerons pas, avec de savans naturalistes, que les ébranlemens volcaniques, tels que ceux qui renversèrent Lisbonne, qui ensévelirent Herculanum & Pompéa, sont les grandes charrues de la nature physique ; nous n'en déduirons pas que le fer qui, en 1649, décapita Charles premier en Angleterre, & celui qui, en 1793, fit tomber la tête de Louis XVI en France, sont en quelque sorte aussi des instrumens de charrue que la nature morale doit employer de temps à autre pour donner des ébranlemens nécessaires au monde politique ; nous nous bornerons à demander si les crimes qui, le 17 juillet au Champ de Mars & le 10 août devant le palais des Tuileries, firent descendre tant de Français au tombeau, n'étoient pas les crimes de Louis XVI & non pas ceux de ses pères ?

L'on ose de même avancer qu'*en vouloir à un roi d'aimer la monarchie plutôt qu'un gouvernement populaire, c'est, comme on l'a dit depuis long-temps, reprocher au chêne de porter le gland plutôt que l'olive.* Mais le même philosophe dont on emprunte cette comparaison, ne dit-il pas également *qu'un sot porte des sottises comme un sauvageon porte des fruits amers ?* Cependant si le sot entre tout-à-coup dans un incurable délire, dans une indomptable & dangereuse furie, la sûreté publique n'exige-t-elle pas que l'on prenne à son égard les mesures les plus convenables ? Et si l'on s'apperçoit que les fruits d'un sauvageon ne sont pas seulement amers, mais qu'ils sont encore des poisons funestes aux habitans d'alentour, la raison, la justice & l'humanité ne commandent-elles pas d'abattre ou plutôt d'extirper le trop dangereux sauvageon ?

L'on ose proférer encore, *qu'au lieu de faire subir à Louis XVI la peine capitale, il eût été peut-être plus utile à la Nation française qu'elle se fût engagée à lui payer chez l'étranger, la valeur du traitement que lui avoit assûré l'Assemblée constituante.* Mais il n'y a que la plus insigne extravagance ou la malveillance la plus perfide qui puisse encore faire entendre une semblable supposition, après l'aventure de Varennes, après l'espèce de testament ou de profession de foi politique que Louis XVI osa laisser alors au peuple français.

Si, avec quelques ressources mendiées de l'Angleterre, un roi plus postiche encore, le ci-devant roi de Véronne, le ci-devant roi de Blanckenbourg, le pitoyable roi de Mittau, a pu faire ravager, saccager, incendier, détruire plusieurs départemens de la France ; que n'eût pas fait l'imposteur, le parjure Louis XVI avec 25 à 30 millions annuels, que la nation auroit follement sacrifiés pour se débarrasser de sa présence ?

Les odieux partisans de la monarchie, les infâmes défenseurs des rois mettent le comble à la mesure de leurs moyens empoisonnés, en y ajoutant pour surcroît le venin, *que cent ans de prospérité ne compenseront peut être pas encore les années de fléaux,* c'est-à-dire, les années de guerre, *qu'occasionne l'établissement de la République.* Mais ces êtres dénaturés, avilis par les bassesses d'une cour, ou par les sentimens habituels de l'esclavage, sont ils faits pour penser que la liberté seule triomphe de la nature, qu'elle seule enfante des miracles, qu'elle seule produit les ressources les plus grandes & les plus inattendues, pour compenser avec usure tous les maux, qu'un peuple peut avoir soufferts en son nom ?

Français ! dites à ces odieux partisans de la monarchie, à ces infâmes défenseurs des rois, que leurs discours sont auſſi infructueux près de vous que leurs vœux ont été impuiſſans contre les arrêts du deſtin ; qu'il y étoit irrévocablement écrit : Que le vingt - un janvier mil ſept cent quatrevingt - treize, le dernier roi des Français devoit deſcendre en ces lieux, *où la mort ravit aux rois, aux tyrans, leurs grandeurs paſſagères, où la terrible vérité éclaire leurs crimes & leurs vices, où la juſtice éternelle punit les forfaits que leurs mains ont commis :*

» Ceux qu'ils n'ont point vengés & ceux qu'ils ont permis ! »

Français ! il étoit écrit dans les arrêts du deſtin, que la France deviendroit la première république de la terre ; que l'an 3 de la République, elle auroit une conſtitution propre à aſſurer les fondemens de ſon bonheur ; que la nation françaiſe ſeroit déſormais appelée la grande Nation ! Français ! après avoir arrété que vous ſeriez libres, heureux & grands, le deſtin a dit de vous encore :

« His ego nec metas rerum, nec tempora pono. »

Il n'y aura point de bornes à leur proſpérité ni à la durée de leur gloire.

Vive la République !

BAUDOUIN, imprimeur du Corps légiſlatif, place du Carrouſel, n°. 662.